# Ss

Maria Puchol

Abdo
EL ABECEDARIO
Kids

**abdopublishing.com**

Published by Abdo Kids, a division of ABDO, PO Box 398166, Minneapolis, Minnesota 55439.
Copyright © 2018 by Abdo Consulting Group, Inc. International copyrights reserved in all countries.
No part of this book may be reproduced in any form without written permission from the publisher.

Printed in the United States of America, North Mankato, Minnesota.

102017
012018

THIS BOOK CONTAINS
RECYCLED MATERIALS

Photo Credits: iStock, Shutterstock

Production Contributors: Teddy Borth, Jennie Forsberg, Grace Hansen

Design Contributors: Christina Doffing, Candice Keimig, Dorothy Toth

Publisher's Cataloging in Publication Data

Names: Puchol, Maria, author.

Title:  Ss / by Maria Puchol.

Description: Minneapolis, Minnesota : Abdo Kids, 2018. | Series: El abecedario |
    Includes online resource and index.

Identifiers: LCCN 2017941871 | ISBN 9781532103193 (lib.bdg.) | ISBN 9781532103797 (ebook)

Subjects: LCSH:  Alphabet--Juvenile literature. | Spanish language materials--Juvenile literature. |
    Language arts--Juvenile literature.

Classification: DDC 461.1--dc23

LC record available at https://lccn.loc.gov/2017941871

# Contenido

## La Ss

**S**ofía **sueña** con un viaje sorpre**s**a a **S**uiza.

# La Ss

**S**imón **s**iempre **s**aluda a
**S**andra, e**s** muy **s**impático.

# La Ss

Las salamandras y los sapos
son anfibios.

9

# La Ss

**S**onia e**s s**orda, no puede

oír **s**onido**s**.

# La Ss

Todos los sábados de septiembre Sergio se pone sombrero y gafas de sol.

13

# La Ss

**S**egún **S**aúl, **s**embrar **semillas** e**s s**encillo.

# La Ss

**S**ilvia no **s**abe **s**umar **s**ola.

# La Ss

La **s**opa de **S**amuel no tiene **s**al, está **s**o**s**a.

# La Ss

¿Dónde están sentadas ellas?

(en las sillas)

# Más palabras con **Ss**

sacapuntas

seta

sillón

sandalias

# Glosario

**semilla**
parte del fruto de una planta que se entierra para que crezcan plantas nuevas.

**soñar**
imaginar cosas o historias mientras se está dormido.

# Índice

## abdokids.com

¡Usa este código para entrar en abdokids.com y tener acceso a juegos, arte, videos y mucho más!

Código Abdo Kids:
EAK2998